NATIONAL
GEOGRAPHIC

Peldaños

Una misión con
JOEL SARTORE

UN MUNDO
QUE VALE LA PENA
SALVAR

por Joel Sartore

Joel Sartore en un bosque de niebla en Ecuador, un país de Sudamérica.

JOEL SARTORE es fotógrafo, autor y maestro. Viaja por el mundo en misiones de National Geographic. Su objetivo personal es tomar fotos de las plantas y los animales que están en riesgo de desaparecer. Fotografía a los seres vivos para mostrarnos que tenemos "un mundo que vale la pena salvar".

Muchas **especies** o tipos de seres vivos están en problemas. Los seres humanos han talado bosques y pescado en exceso en los mares. Nos hemos apoderado de la tierra. Ahora muchas especies están desapareciendo porque no tienen lugar donde vivir. Los científicos creen que hacia el año 2100, al menos la mitad de todos los animales de la Tierra pueden estar en riesgo de desaparecer.

¿Sabías que cuando salvamos a las especies salvajes también nos salvamos a nosotros mismos? Los millones de plantas y animales que comparten el planeta con nosotros nos ayudan de muchas maneras. Por eso es que proteger la **biodiversidad** o variedad de seres vivos es tan importante para nuestra supervivencia.

Observemos las plantas primero. Las plantas absorben dióxido de carbono del aire y liberan oxígeno. Como los seres humanos debemos tener oxígeno para respirar, necesitamos plantas. También necesitamos plantas como alimento. Nuestros granos, frutas y verduras provienen de las plantas. Ellas también nos brindan materiales útiles como la madera y el algodón.

Algunos de nuestros medicamentos provienen de las plantas. Muchas contienen sustancias químicas que evitan que los animales se las coman. Los científicos usan estas sustancias químicas para producir medicamentos. Por ejemplo, las sustancias químicas del tejo del Pacífico se usan para producir medicamentos que combaten el cáncer.

Las plantas ayudan a controlar el clima de la Tierra. En los bosques del mundo, las praderas, las marismas y el océano, las plantas ayudan a mantener los patrones de temperatura y lluvia estables. Los climas estables son importantes para los cultivos de las granjas.

La orquídea de la pradera occidental crece en Nebraska. Los granjeros ayudan a preservar esta peculiar flor evitando sembrar cultivos allí donde crece.

Ahora observemos a los animales. Los murciélagos y las aves nos ayudan al comer toneladas de insectos que se comen nuestros cultivos. Los halcones y las serpientes que se comen a los ratones también nos ayudan a salvar nuestros cultivos.

Generalmente prestamos más atención a los animales grandes. Pero por su número, *¡los insectos mandan!* Los insectos nos hacen millones de favores. Algunos llevan el polen de flor en flor. Las plantas necesitan el polen para producir semillas. Muchas frutas y verduras no podrían crecer sin insectos polinizadores. Otros insectos descomponen las plantas y los animales muertos, y otros se comen a los insectos dañinos.

Algunos animales nos hablan sobre la salud de nuestro planeta. Los mejillones y las ostras se alimentan mediante el filtrado de agua a través de su cuerpo. Esto limpia el agua de los arroyos, los lagos y el océano. Estos animales son sensibles a la contaminación. Si la contaminación los mata, eso es señal de que hay problemas con el agua. Como los seres humanos necesitamos agua limpia, estos animales nos hablan de los problemas que se deben solucionar.

Por último, disfrutamos de la belleza de las plantas silvestres y los animales salvajes. ¿No sería mucho menos interesante el mundo sin las múltiples especies de las que disfrutamos?

Estas abejas polinizan un girasol silvestre.

Los pingüinos reales anidan en la Antártida y en islas cercanas. Esta colonia tiene más de 200,000 pingüinos.

Si todos ayudan, el futuro de todas las especies de la Tierra será más prometedor.

Entonces, ¿qué tienen de bueno las plantas silvestres y los animales salvajes? La respuesta es simple: ¡nos ayudan a sobrevivir! Proteger la biodiversidad es muy importante para nuestro mundo.

Algunos dicen que solo preservamos lo que conocemos y amamos. Veo mis fotografías como una manera de que los seres humanos conozcan y se enamoren de las múltiples especies que comparten el planeta con nosotros. He trabajado en el "Arca de fotos" por 20 años. Mi objetivo es mostrar al mundo tantas especies como pueda. La puedes visitar en Internet en www.photoark.com.

CÓMO **PUEDES** AYUDAR

Aprende tanto como puedas sobre tus animales favoritos. Descubre qué organizaciones trabajan para salvarlos. Apoya a estas organizaciones.

Nunca tengas animales salvajes como mascotas. No compres animales que se atraparon en la naturaleza.

Usa los recursos con cuidado. Conducir carros pequeños y andar en autobús ayuda. También reciclar papel, plástico y metal. No compres cosas que dañen el medio ambiente.

Sé consciente. Todo lo que tienes que hacer es cuidar e intentar ayudar.

Compruébalo ¿Por qué es importante proteger las plantas y los animales del mundo?

JOEL SARTORE: FOTÓGRAFO

por Judy Elgin Jensen

Para Joel Sartore, tomar fotografías no es simplemente un trabajo. Es su manera de ayudar a preservar el mundo natural.

Cuando era niño, Joel Sartore vio una fotografía de la última paloma de la Carolina de la Tierra. Antiguamente había miles de millones de estas aves. Pero la gente las cazaba y las mataba. Hacia el siglo XX ya no quedaba ninguna. La pérdida de las palomas de la Carolina afectó a Joel. Hizo que quisiera hacer algo para evitar que esto volviera a suceder.

Le tomó un tiempo. Joel no comenzó a tomar fotos hasta la universidad. Tomó fotos de personas y lugares en Nebraska. Pronto fue a trabajar para un periódico. Luego comenzó a tomar fotografías para la National Geographic Society. En sus primeros trabajos tomó fotos de la naturaleza. Desde entonces, sus fotografías de animales en la naturaleza han ganado muchos premios

Joel se prepara para fotografiar un león marino de las islas Galápagos.

En el estudio

El proyecto personal de Joel es el "Arca de fotos". Su "arca" consiste en fotografías de animales con el estilo de retratos. Los animales viven en zoológicos, acuarios y lugares similares. Joel ya ha fotografiado casi 3,000 **especies,** o tipos de animales, diferentes. Muchos de los animales que ha fotografiado son difíciles de hallar en la naturaleza. Algunos están **en peligro de extinción,** o en riesgo de desaparecer.

Para tomar los retratos, Joel coloca los animales sobre fondos completamente blancos o completamente negros. Los fondos de un solo color permiten que se vea que los animales pequeños son tan importantes como los grandes.

Joel coloca papel blanco o tela negra en la guarida del animal o en un lugar tranquilo. Se asegura de que el fondo sea uniforme.

Luego, los cuidadores de los zoológicos traen los animales. Joel fotografía a los animales, estén en peligro o no. Los cuidadores entretienen a los animales con alimentos y juguetes.

Joel usa un fondo de papel blanco para fotografiar a un cocodrilo americano en el zoológico de Omaha, en Nebraska.

Joel dice que trabajar rápido es la clave para tomar un buen retrato. Hace una o dos tomas. Luego retira al animal del fondo. Esto reduce el estrés del animal. También reduce la posibilidad de que el animal defeque sobre el fondo.

Los animales dejan huellas de pisadas en el papel blanco, por lo tanto, Joel lo usa una sola vez. Usa la tela negra una y otra vez.

Durante una sesión de fotos, un tigre gruñó y arremetió contra la cámara. Joel se preguntó si estaba molestando al tigre. Los cuidadores creyeron que fotografiarlo le permitió al tigre mostrar algunas de sus conductas naturales. Al fotografiarlos, los animales cautivos pueden ver, oler y escuchar cosas diferentes.

Esta ñakanina vive en el zoológico Woodland Park en Seattle, Washington. Se la está fotografiando sobre terciopelo negro.

No todos los animales son fáciles de fotografiar.
Este chimpancé y su cría eran muy juguetones.
Joel y los cuidadores del Zoológico Sunset en
Manhattan, Kansas, se preguntaban cuánto tiempo
tendrían que fotografiar sus retratos. Las fotos
muestran lo que sucedió.

La madre chimpancé arrancó el papel de la pared y lo sacó por la puerta de la guarida en menos de diez segundos. ¡Joel no pudo tomar ningún retrato! Las únicas fotos que obtuvo fueron las del chimpancé destruyendo el decorado.

2

4

Compruébalo ¿Cómo obtiene Joel Sartore fotografías de animales con estilo de retrato?

Imágenes del Arca de fotos

por Joel Sartore

Quiero que mis retratos de animales muestren la **biodiversidad** o variedad de seres vivos de la Tierra. Los fondos despejados permiten que el observador mire a cada animal a los ojos.

Oso hormiguero gigante

Dónde vive: Sudamérica

Dentro del hocico del oso hormiguero gigante hay una lengua muy larga y pegajosa. El oso hormiguero usa su lengua para atrapar y comer 30,000 hormigas y termitas por día.

Cóndor de California

Dónde vive: Oeste de los Estados Unidos y Baja, México

Este buitre enorme es una de las aves que están en **peligro de extinción**. Antiguamente quedaban solo 22 cóndores. Los científicos los atraparon y criaron a sus polluelos. Ahora hay más de 300 cóndores, y la mitad de ellos vive en la naturaleza.

Tortuga de cuello largo de Reimann

Dónde vive: Nueva Guinea

Esta tortuga recibe su nombre por su cuello largo.
Su cuello se pliega hacia los costados para caber
dentro del caparazón. Parece que su boca sonriera.
Pero no te acerques demasiado. ¡Esta tortuga huele
como una mofeta!

Cangrejo de río de pinzas largas

Dónde vive: Arkansas y Missouri, EE. UU.

Este cangrejo vive en arroyos y lagos transparentes. Durante el día, se esconde debajo de las rocas. De noche, el cangrejo sale a comer plantas muertas y animales. Usa tenazas grandes para atrapar lombrices y renacuajos.

Búho nival

Dónde vive: Norteamérica, Europa, Asia

Este búho vive en la fría tundra ártica. Sus colores
se confunden con la nieve. Sus plumas gruesas lo
mantienen abrigado.

Sifaka de Coquerel

Dónde vive: Madagascar

Este lémur usa sus patas fuertes para saltar de un árbol a otro. Busca hojas, frutos y flores para comer. Recibe su nombre por su llamado de alarma: "SHIF-AUK".

Zorro fénec

Dónde vive: Sahara, África

Este es el zorro más pequeño del mundo. Vive en el desierto caluroso. Sus enormes orejas liberan calor, lo que lo mantiene fresco. Sus patas peludas lo ayudan a caminar a través de la arena caliente.

Espero que estos retratos se conecten con las personas y las ayuden a comprender que todas las criaturas tienen al menos una conciencia. También tienen el derecho básico de existir. Mi proyecto apunta a mostrar la maravilla de estos animales mientras todavía están aquí.

— **Joel Sartore**

Escuerzo

Polilla africana de la Luna

Crótalo cornudo de Schlegel

Caribú del bosque

Dragón barbudo

Hipopótamo

Cangrejo herradura

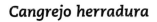

Escarabajo de las flores asiático

Cacatúa gang-gang

Fosa

Compruébalo ¿Cuál retrato de animal te gusta más? ¿Por qué?

Comenta

1. Piensa en las tres lecturas de este libro. ¿Cómo se conectan entre sí?

2. ¿Cuáles son algunas cosas que puedes hacer para proteger la biodiversidad de la Tierra?

3. ¿Por qué Joel Sartore toma fotografías de animales con estilo de retrato?

4. Elige dos de los animales en "Imágenes del Arca de fotos". Describe qué tiene de especial cada uno de ellos.

5. ¿Qué te sigues preguntando sobre Joel Sartore y los animales de este libro? ¿Cómo podrías saber más?